CONGREGACION
PARA LOS INSTITUTOS DE VIDA CONSAGRADA
Y LAS SOCIEDADES DE VIDA APOSTÓLICA

Para vino nuevo odres nuevos

La vida consagrada
desde el Concilio Vaticano II:
retos aún abiertos

ORIENTACIONES

LIBRERIA EDITRICE VATICANA

© Copyright 2017 – Libreria Editrice Vaticana
00120 Città del Vaticano
Tel. 06 69 88 10 32 – Fax 06 69 88 47 16
www.libreriaeditricevaticana.va
www.vatican.va

ISBN 978-88-266-0494-7

Tampoco se pone vino nuevo en odres viejos,
porque hará reventar los odres,
y ya no servirán más ni el vino ni los odres.
¡A vino nuevo, odres nuevos!

(*Mc* 2, 22)

INTRODUCCIÓN

La Congregación para los Institutos de vida consagrada y las Sociedades de vida apostólica – del 27 al 30 de noviembre de 2014 – ha celebrado la Plenaria del Dicasterio sobre el tema: « *Vino nuevo en odres nuevos. La vida consagrada a los 50 años desde la Lumen gentium y Perfectae caritatis*». Dicha Plenaria ha puesto su atención en el camino que la vida consagrada ha recorrido en el post-Concilio, tratando de leer – de forma sintética – los retos aún abiertos.

Estas *Orientaciones* son el fruto de lo que ha ido emergiendo en la Plenaria y en la reflexión sucesiva, que se ha ido fraguando tras los numerosos encuentros que han visto converger en Roma, ante la Sede de Pedro, a consagrados y consagradas de todas partes del mundo, en el *Año de la Vida Consagrada*.

Desde el Concilio Vaticano II el Magisterio de la Iglesia ha acompañado de manera continua la vida de las personas consagradas. En particular, este Dicasterio ha ofrecido las grandes coordenadas de referencia y de valor: las Instrucciones *Potissimum institutioni*

(1990), *La vida fraterna en comunidad* (1994), *Caminar desde Cristo* (2002), *El servicio de la autoridad y la obediencia. Faciem tuam* (2008), e *Identidad y misión del religioso Hermano en la Iglesia* (2015).

Estas *Orientaciones* se sitúan en la línea de «un ejercicio de *discernimiento evangélico*, donde se intenta reconocer – a la luz del Espíritu – esa "llamada", que Dios hace oír en una situación histórica determinada: «En ella y por medio de ella Dios llama»[1] a los consagrados y consagradas de nuestro tiempo, pues «todos somos invitados a aceptar este llamado: salir de la propia comodidad y atreverse a llegar a todas las periferias que necesitan la luz del Evangelio»[2].

Ejercicio de discernimiento eclesial mediante el cual los consagrados y las consagradas están llamados a emprender nuevos pasos para que los ideales y la doctrina tomen carne en la vida: sistemas, estructuras, diaconías, estilos, relaciones y lenguajes. El Papa Francisco hace hincapié en la necesidad de verificar todo esto: «La realidad es superior a la idea. [...] La realidad simplemente es, la idea se elabora. Entre las dos se debe instaurar un

---

[1] FRANCISCO, Ex. Ap. *Evangelii gaudium* (24 de noviembre de 2013), 154.

[2] *Ibíd*, 20.

diálogo constante, evitando que la idea termine separándose de la realidad. Es peligroso vivir en el reino de la sola palabra, de la imagen, del sofisma » [3].

Aun en el amplio y rico proceso de *accomodata renovatio* llevado a cabo en el post-Concilio, la vida consagrada puede encontrarse ante retos que siguen abiertos y que hay que afrontar «con determinación y visión de futuro » [4].

Con vistas a un ejercicio de discernimiento, estas *Orientaciones* tienen como finalidad leer prácticas inadecuadas, indicar procesos bloqueados, plantear preguntas concretas, interrogar sobre las estructuras de relación, de gobierno, de formación acerca del apoyo real que se da a la forma evangélica de vida de las personas consagradas.

Orientaciones para probar con *parresia* los *odres* aptos para custodiar *los vinos nuevos* que el Espíritu sigue donando a su Iglesia, exhortando a poner en marcha cambios con acciones concretas a breve y a largo plazo.

[3] *Ibíd*, 231.
[4] *Ibíd*, 58.

I.

A VINOS NUEVOS
ODRES NUEVOS

El *logion* de Jesús

1. Una palabra del Señor Jesús puede iluminar el camino de la vida consagrada ante los retos de nuestro tiempo y en línea con el espíritu de renovación que el Concilio Vaticano II ha querido: *vino nuevo* en *odres nuevos* (*Mc* 2, 22). Esta frase sapiencial del Señor está presente en todos los Sinópticos que la citan en el contexto inicial de la actividad pública de Jesús. El evangelista Marcos la coloca justo en el corazón de las primeras críticas provocadoras de los fariseos de Cafarnaúm ante la libertad y la autonomía de Jesús (*Mc* 2, 18-22). Mateo retoma un poco más adelante este *logion*, queriendo así sellar la carga profética de la centralidad de la misericordia en sus palabras y en sus gestos (*Mt* 9, 16-17). Lucas es todavía más preciso a la hora de contextualizar esta provocación subrayando la imposibilidad de dialogar con las viejas mentalidades (*Lc* 5, 36-39). El evangelista hace notar que el trozo de tela es tomado *de un vestido nuevo* (ya terminado) (para Mateo no es otra cosa que paño *sin tundir*) para coserlo sobre el *viejo*. Esta torpe operación provoca una doble ruina (*Lc* 5, 36) y el evangelista añade otra frase que es también reveladora: *Nadie, después de beber el vino añejo, quiere del nuevo porque dice: «El añejo es el bueno»* (*Lc* 5, 39).

Para los tres evangelistas sinópticos es importante subrayar la novedad del estilo de Jesús que, al revelar al mundo el rostro misericordioso del Padre, se sitúa a una distancia crítica de los esquemas religiosos habituales. Perdonar los pecados y acoger a cada persona en su misterio de sufrimiento, incluso de errancia, es una novedad radical. Esta novedad desestabiliza a quienes están acostumbrados a la simple repetición de un esquema donde todo está previsto y enmarcado. Una actitud como ésta, no solamente crea un cierto malestar, sino que además desde el primer momento, se convierte en motivo de rechazo. El estilo del que Jesús se sirve para anunciar el Reino de Dios tiene su fundamento en la *ley de la libertad* (cf. *St* 2, 12) que permite una manera nueva de entrar en relación con las personas y las situaciones concretas. Este estilo tiene todo el color y el sabor de un *vino nuevo* que, sin embargo, puede desgarrar los *odres viejos*. La imagen revela con claridad que las formas institucionales, religiosas y simbólicas necesitan ganar siempre en *elasticidad*. Sin la necesaria elasticidad ninguna forma institucional, por veneranda que sea, puede aguantar las tensiones de la vida, ni tampoco puede responder a las llamadas de la historia.

2. La similitud, que el Señor Jesús emplea, es sencilla y, a la vez, exigente. El odre al que se refiere la breve parábola es un recipiente de pieles suaves, que pueden dilatarse aún para favorecer la respiración del vino nuevo en continua ebullición. Si el odre que recibe el vino fuera seco y rígido, porque está gastado por el tiempo, ya no tendría la elasticidad necesaria para aguantar la viva presión del vino nuevo. Y se partiría, no pudiendo hacer otra cosa, echando a perder el odre y el vino. El evangelista Juan se servirá de la misma metáfora del *vino bueno* (*Jn* 2,10) servido en las bodas de Caná para indicar la novedad profética del anuncio gozoso y burbujeante del Evangelio. Y así el *vino bueno* y el *vino nuevo* se convierten en el símbolo de la manera de actuar y de enseñar de Jesús, que no es posible contener en los odres viejos de esquemas religiosos secularizados, incapaces de abrirse a nuevas promesas. Cuando el evangelista Lucas habla del vino viejo que es *bueno* (*chrestòs*) se refiere al apego de los fariseos y de los jefes del pueblo a las formas estandarizadas y rígidas del pasado. Pero a lo mejor no es todo. Los cristianos de la segunda generación deben afrontar la tendencia a no abrirse del todo a la novedad del Evangelio. El riesgo de ceder a la tentación de volver al viejo estilo de un mundo cerrado en sus certezas y costumbres siempre está al acecho. En la historia de la Iglesia está presente desde sus comienzos la tentación de ajustarse tácticamente para evitar los continuos retos a la conversión del corazón.

La palabra del Señor Jesús nos ayuda a captar el desafío de una novedad que exige no solo acogida, sino también discernimiento. Es necesario crear estructuras que sean realmente aptas para custodiar la riqueza innovadora del Evangelio con el fin de vivirla y ponerla al servicio de todos, conservando su calidad y bondad. El *vino nuevo* hay que dejarlo fermentar, casi respirar en el odre, para que pueda madurar como es debido y, finalmente, para gustarlo y compartirlo. Lo mismo vale para la imagen del vestido y del remiendo: no es posible sacar un trozo de tela de un vestido nuevo para remendar un vestido ya gastado. De ser así, se crea una tensión que deshilacha el viejo, y así el nuevo remiendo de nada sirve, en realidad.

3. El mensaje del Evangelio no puede reducirse a algo puramente sociológico. Se trata de una orientación espiritual que permanece siempre nueva. Se requiere apertura mental para imaginar modos de seguimiento, profético y carismático, vivido según esquemas apropiados y, quizás, inéditos. Toda una serie de diaconías innovadoras, que se viven fuera de esquemas experimentados en el pasado, deben necesariamente encontrar acogida también en estructuras institucionales nuevas. Esas estructuras han de estar realmente a la altura de las expectativas y de los desafíos. Una renovación incapaz de tocar y cambiar las estructuras, además del corazón, no lleva a un cambio real y duradero. No hay que olvidar nunca que un simple forzamiento, por muy generoso que sea, puede llevar al rechazo. El rechazo conlleva la pérdida de aquella efervescencia de irrenunciable novedad que no solo ha de ser reconocida, sino que pide ser vivida hasta el fondo y no simplemente soportada o sufrida.

Si aplicamos este criterio evangélico a lo vivido en la Iglesia en el momento de gracia del Concilio Vaticano II, podemos hablar verdaderamente de *vino nuevo*. Bajo la guía del Espíritu Santo, la Iglesia, viña del Señor, ha sido capaz de vivir una renovada vendimia espiritual con la aportación y la generosidad de todos. Todos hemos podido gozar ante experiencias de renovación, llenas de vida, que se han expresado en nuevos itinerarios catequéticos, en nuevos modelos de santidad y de vida fraterna, nuevas estructuras de gobierno, corrientes teológicas inéditas, impensadas formas de solidaridad y diaconía, etc. Una verdadera vendimia que podemos percibir, con sentimientos de gratitud, como abundante y gozosa. No obstante, todos estos signos de renovación y formas de novedad conviven – y esto también es normal – con viejas costumbres sacralizadas y esclerotizadas. Se trata de costumbres que, con su rigidez e incapacidad, oponen resistencia y no encajan fácilmente con esta renovación siempre en devenir. De esta convivencia de estilos pueden surgir conflictos, ásperos a veces. Y de los conflictos nacen acusaciones recíprocas de no ser *vino exquisito* (*Ct* 7, 10), sino en realidad *vino drogado* (*Sal* 75, 9). Hay quienes juzgan a los demás de ser *frutos agrios* (cf. *Is* 5, 2) por el hecho de no ser fieles a lo establecido y experimentado desde siempre. Ante todo esto no hay que impresionarse y, menos aún, desalentarse. No es posible definir estructuras aptas para una auténtica renovación sin considerar tiempos largos de elaboración e inevitables accidentes a lo largo del recorrido. Las mutaciones auténticas y duraderas no son nunca automáticas.

Por lo general, hay que contar con toda una serie de resistencias y hasta con algunos retrocesos. Hay que reconocer que estas resistencias no son siempre maliciosas o hechas con mala intención. Después de más de cincuenta años de la clausura del Concilio hay que admitir que no es indoloro dejarse inquietar y desestabilizar por los impulsos vivificadores del Espíritu. Y esto vale, ciertamente, también para la vida consagrada y sus estaciones más o menos fecundas en términos de respuesta a los signos de los tiempos y a las inspiraciones del Espíritu Santo.

La *renovación* postconciliar

4. Para mirar hacia adelante y seguir caminando según el espíritu de renovación querido por el Concilio, algo de historia puede iluminar y confirmar el camino de todos. La toma de conciencia de lo que hemos vivido en este medio siglo se hace aún más necesaria si queremos acoger los alicientes que nos vienen de las palabras y de los gestos del Papa Francisco.

El Concilio Vaticano II pidió explícitamente la *accomodata renovatio* de la vida y de la disciplina de los Institutos de vida consagrada, «en conformidad con las exigencias de nuestro tiempo»[1]. Los Padres conciliares habían puesto las bases teológicas y eclesiológicas para esta *renovación,* en particular, en el capítulo VI de la Constitución dogmática *Lumen gentium*[2]. En el decreto *Perfectae caritatis* habían ofrecido unas directivas más adecuadas y unas orientaciones prácticas para la *actualización* espiritual, eclesial, carismática e institucional de la vida consagrada en la Iglesia. Entre los demás textos conciliares, solo en la constitución *Sacrosanctum Concilium* y en el decreto *Ad gentes* se indicaban algunas consecuencias prácticas de una cierta importancia, para la vida religiosa.

Tras medio siglo podemos reconocer, con satisfacción, que el efecto que la *mens* conciliar ha producido en la vida religiosa ha sido particularmente rico. El *estilo* de discernimiento coral y de búsqueda atenta han engendrado impulsos y métodos de gran eficacia para la *actualización*. El primer paso de este profundo cambio atañe a la manera misma en que la vida consagrada ha tenido que repensarse a sí misma. En la fase preconciliar

---

[1] CONCILIO ECUMÉNICO VATICANO II, Decreto sobre la renovación de la vida religiosa *Perfectae caritatis*, 1.

[2] Cf. CONCILIO ECUMÉNICO VATICANO II, Constitución dogmática sobre la Iglesia *Lumen gentium*, 43-47.

la vida religiosa, en todas sus manifestaciones y estructuras, representaba la fuerza compacta y operativa para la vida y la misión de una iglesia militante en continua oposición al mundo. En la nueva fase de apertura y diálogo con el "mundo" la vida religiosa se sintió impulsada en primera línea a explorar por el bien del cuerpo eclesial las coordinadas de una nueva relación iglesia-mundo. Es éste uno de los temas con más fuerza inspiradora y transformadora del Concilio Vaticano II, convocado por san Juan XXIII. En esta línea de diálogo y de acogida, la vida consagrada, por lo general, ha abrazado generosamente, aunque no siempre, los riesgos de esta nueva aventura de apertura, de escucha y de servicio. Para poder realmente concretar un estilo de relación y de presencia en el mundo contemporáneo marcado por la confianza, la vida consagrada ha puesto en juego sus múltiples carismas y su patrimonio espiritual exponiéndose y abrazando con generosidad nuevos caminos.

5. Constatamos que en estos cincuenta años desde el evento conciliar, todos los Institutos de vida consagrada han respondido con sus mejores fuerzas a los impulsos del Vaticano II. Sobre todo en las tres primeras décadas después del Concilio, el esfuerzo de renovación ha sido generoso y creativo, y ha continuado en las décadas sucesivas, aunque a ritmo más lento, menos dinámico. Se han elaborado los textos normativos y las formas institucionales, primeramente como respuesta a los estímulos procedentes del Concilio y luego para seguir las disposiciones del nuevo *Código de Derecho canónico* (1983). Cada familia religiosa se ha comprometido a fondo a releer e interpretar la «inspiración originaria de los Institutos»[3]. Esta labor tenía principalmente dos objetivos: custodiar fielmente «la mente y propósitos de los fundadores»[4] y «reproducir con valor la audacia, la creatividad y la santidad de sus fundadores y fundadoras como respuesta a los signos de los tiempos que surgen en el mundo de hoy»[5].

Valientes y pacientes búsquedas de nuevos itinerarios formativos, según la índole y el carisma de cada familia religiosa han acompañado los logros del gran esfuerzo que se ha hecho para reelaborar la identidad, el estilo de vida y la correspondiente misión eclesial. Asimismo, mucho se ha hecho también en el

---

[3] Concilio Ecuménico Vaticano II, Decreto Sobre la renovación de la vida religiosa *Perfectae caritatis*, 2.

[4] *CIC*, c. 578.

[5] Juan Pablo II, Ex. Ap. *Vita consecrata* (25 de marzo de 1996), 37.

ámbito de las estructuras de gobierno y de la gestión del patrimonio económico y de las actividades para acomodarlas « a las actuales condiciones físicas y psíquicas de los miembros [...] a las necesidades del apostolado, a las exigencias de la cultura y a las circunstancias sociales y económicas » [6].

6. Tras esta breve mirada a la historia de los últimos cincuenta años podemos reconocer, con humildad, que la vida consagrada ha procurado habitar los horizontes conciliares con pasión y audacia exploradora. Por todo el camino recorrido no podemos sino dar gracias a Dios y entre nosotros con sinceridad y verdad.

En este camino generoso y laborioso, el supremo magisterio de los Papas nos ha brindado un gran apoyo en estas décadas. Con textos e intervenciones diversas, los Pontífices han ayudado regularmente a consolidar las nuevas convicciones, a discernir los nuevos senderos, a orientar con sabiduría y sentido eclesial las nuevas opciones de presencia y de servicio a la escucha constante de las llamadas del Espíritu. Reviste un excepcional valor teológico, eclesial y orientador la

[6] CONCILIO ECUMÉNICO VATICANO II, Decreto sobre la renovación de la vida religiosa *Perfectae caritatis*, 3.

exhortación apostólica *Vita consecrata* (1996), que recoge y confirma los mejores frutos de la *actualización* postconciliar.

En especial, con *Vita consecrata,* se iluminan la contemplación y la referencia fontal al misterio de la Santísima Trinidad: «La vida consagrada es anuncio de lo que el Padre, por medio del Hijo, en el Espíritu, realiza con su amor, su bondad y su belleza. En efecto, "el estado religioso [...] revela de manera especial la superioridad del Reino sobre todo lo creado y sus exigencias radicales. Muestra también a todos los hombres la grandeza extraordinaria del poder de Cristo Rey y la eficacia infinita del Espíritu Santo, que realiza maravillas en su Iglesia". [...] De este modo, la vida consagrada se convierte en una de las huellas concretas que la Trinidad deja en la historia, para que los hombres puedan descubrir el atractivo y la nostalgia de la belleza divina»[7]. La vida consagrada llega a ser así *confessio trinitatis* también a la hora de afrontar el reto de la vida fraterna «en virtud de la cual las personas consagradas se esfuerzan por vivir en Cristo con *un solo corazón y una sola alma (Hch* 4,32)»[8]. De esta perspectiva

[7] JUAN PABLO II, Ex. Ap. post-sinodal *Vita consecrata* (25 de marzo de 1996), 20.

[8] *Ibíd,* 21.

trinitaria emerge el gran reto de la unidad y la necesidad del ecumenismo orante, testimonial, martirial como camino guía para los consagrados y las consagradas: «La oración de Cristo al Padre antes de la Pasión, para que sus discípulos permanezcan en la unidad (cf. *Jn* 17,21-23), se prolonga en la oración y en la acción de la Iglesia. ¿Cómo no han de sentirse implicados los llamados a la vida consagrada?»[9].

Asimismo, la laboriosa y sabía guía de esta Congregación ha ofrecido de distintas maneras – *instrucciones, cartas, líneas orientativas* – y con periódica vigilancia criterios guía para perseverar con autenticidad en la puesta al día conciliar y para permanecer fieles, con discernimiento coral y audacia profética, a la identidad y a la misión eclesial de la vida consagrada.

Sin embargo, esto no significa negar fragilidades y cansancios que es preciso reconocer y darles nombre para que el camino emprendido no solo continúe, sino que se radicalice mayormente en términos de fidelidad y de creatividad. Asimismo, es preciso mirar de frente y con realismo las nuevas situaciones donde la vida consagrada está llamada a medirse y a encarnarse.

[9] *Ibíd*, 100.

Los nuevos caminos interpelan

7. La rica multiplicidad de las *diaconías* que la vida consagrada ha ido ejerciendo, ha sufrido en las últimas décadas una radical reorganización debido a la evolución social, económica, política, científica, tecnológica, así como a las intervenciones del Estado en muchos sectores históricamente típicos de las obras de los religiosos. Todo esto ha ido cambiando la manera de relacionarse de los religiosos con el ambiente y la forma de situarse ante los demás. Mientras tanto, nuevas e inéditas emergencias han hecho explosionar otras exigencias hasta ahora sin respuesta que llaman a la puerta de la fidelidad creativa de la vida consagrada en todas sus formas.

Las nuevas pobrezas interpelan la conciencia de muchos consagrados y piden a los carismas históricos nuevas formas de respuesta generosa ante las nuevas situaciones y los nuevos descartes de la historia. Consecuencia de ello ha sido el florecer de nuevas formas de presencia y de servicio en las múltiples periferias existenciales. No hay que olvidar la proliferación de iniciativas de voluntariado, en las que participan laicos y religiosos, hombres y mujeres, en una sinergia rica de « nuevos dinamismos apostólicos » [10], para que « resulte más fácil dar respuestas a los grandes retos de nuestro tiempo con la aportación coral de los diferentes dones » [11]. Esa sinfonía se basa en el redescubrimiento de la raíz bautismal común que une a todos los discípulos de Cristo llamados a aunar fuerzas y fantasía para que este mundo sea más bello y vivible para todos.

Tantas congregaciones, sobre todo femeninas, han empezado a dar prioridad a fundaciones en las Iglesias jóvenes y han pasado de situaciones casi únicamente *monoculturales* al desafío de la *multiculturalidad*. Y así se han ido constituyendo comunidades internacionales que para algunos Instituto han representado la primera audaz experiencia de salida de sus propios confines geográficos y culturales. Se han iniciado experiencias de diaconía y de presencia en contextos desconocidos o multireligiosos; nuevas comunidades insertas en ambientes difíciles, a menudo con el riesgo de diferentes formas de violencia. Estas experiencias han aportado profundos cambios en las familias religiosas, sea como *ethos* cultural para compartir, sea como modelos de iglesia y estilos de espiritualidad

[10] *Ibíd,* 55.
[11] *Ibíd,* 54.

innovadores. Este éxodo ha sacudido, como es natural, los esquemas formativos tradicionales, no aptos para las nuevas vocaciones y los nuevos contextos. Todo esto constituye, sin duda, una enorme riqueza, pero al mismo tiempo es fuente de tensiones que, a veces, han provocado ruptura en congregaciones con menos experiencia misionera.

8. La contemporánea evolución de la sociedad y de las culturas, en fase de rápidos y extensos cambios imprevistos y a la vez caóticos, ha expuesto también a la vida consagrada a continuos desafíos de ajustes. Esto comporta y exige continuamente nuevas respuestas, y corre paralelo con crisis de elaboración de proyectos históricos y de perfil carismático. El signo de esta crisis es un evidente cansancio. Hay que reconocer que en algunos casos se trata realmente de incapacidad de pasar de una administración ordinaria (*management*) a una guía capaz de estar a la altura de la nueva realidad en la que hay que actuar sabiamente. No es tarea fácil pasar de un simple administrar realidades bien conocidas a guiar hacia metas e ideales con una convicción que engendre verdadera confianza. Esto supone no contentarse con estrategias de mero sobrevivir, sino que exige la libertad necesaria para lanzar procesos, tal y como nos sigue recordando el Papa Francisco. Sobre todo, se necesita cada vez más un ministerio de guía capaz de solicitar una verdadera sinodalidad alimentando un dinamismo de sinergia. Solo en esta comunión de esfuerzos será posible gestionar la transición con paciencia, con sabiduría y con visión de futuro.

Con el tiempo, algunos nudos se han hecho más complejos y paralizantes para la vida consagrada y sus instituciones. La situación de cambio acelerado corre el riesgo de enredar la vida consagrada, obligándola a vivir de emergencias, y no de horizontes. A veces parece que la vida consagrada está casi completamente replegada sobre la gestión de lo cotidiano o, sencillamente, en un ejercicio de sobrevivencia. Esta manera de afrontar la realidad menoscaba una vida llena de sentido y capaz de testimonio profético.

La gestión continua de emergencias cada vez más apremiantes gasta energías más de lo que se piensa. Y se corre el riesgo de quedarse completamente metidos en atajar problemas, antes que imaginar recorridos. En esta afanosa fatiga parece que se ha perdido el impulso carismático del Concilio. El gran compromiso de renovación y de creatividad parece haber dejado paso a un estancamiento sin salida, justamente cuando estamos llamados a abrazar con generosidad nuevos éxodos. En muchos casos el miedo al futuro debilita y desvitaliza aquel ministerio profético – en el que insiste el Papa Francisco [12] – que la vida consagrada está llamada a vivir en la Iglesia para el bien de toda la humanidad.

9. A estas alturas del camino es bueno y necesario pararse para discernir la calidad y la sazón del *vino nuevo* que se ha producido gracias a la larga temporada de renovación postconciliar. Es oportuno plantearse algunas preguntas. La primera tiene que ver con la armonía y coherencia entre las estructuras, los organismos, los roles, los estilos existentes desde hace tiempo y los que han sido introducidos en estos años para responder al dictado conciliar [13]. La segunda lleva a considerar si los elementos de mediación presentes hoy en la vida consagrada están en condiciones de acoger las novedades más evidentes y sostener – según la metáfora del *vino nuevo* que fermenta y bulle – su necesaria transición hacia la total estabilidad. Por último podemos preguntarnos si lo que gustamos y ofre-

[12] FRANCISCO, *Carta Apostólica* a todos los consagrados con ocasión del Año de la vida consagrada (21 de noviembre de 2014).

[13] Cf. CONCILIO ECUMÉNICO VATICANO II, Decreto sobre la renovación de la vida religiosa *Perfectae caritatis*, 2-4.

cemos para beber es realmente *vino nuevo*, denso y sano, o si, pese a las buenas intenciones y esfuerzos loables, se trata de un vino bautizado para hacer frente a las ácidas consecuencias de una vendimia mal hecha o de sarmientos mal podados.

Estas preguntas se pueden plantear con sencillez y *parresia*, sin ceder a complejos de culpa que pueden bloquear todavía más. Podemos tomarnos un poco de tiempo para mirar juntos qué está ocurriendo en los *odres* de nuestra vida consagrada. Se trata de hacer balance sobre la calidad del *vino nuevo* y del *vino bueno* y no de culpabilizarnos o acusar. Este vino del que somos amorosos guardianes estamos llamados a verterlo para la alegría de todos y, en particular, para los más pobres y los más pequeños.

No debemos tener miedo a reconocer sinceramente que, a pesar de toda una serie de cambios, el viejo sistema institucional tiene dificultad en ceder el paso, de forma decidida, a modelos nuevos. Toda la constelación de lenguajes y modelos, de valores y deberes, de espiritualidad e identidad eclesial a la que estamos acostumbrados, es posible que no haya dejado todavía espacio a la verificación y a la estabilización del nuevo paradigma que ha nacido de la inspiración y de la praxis postconciliar. Estamos viviendo una fase de necesaria y paciente reelaboración de todo lo que constituye el patrimonio y la identidad de la vida consagrada dentro de la Iglesia y ante la historia. Y también debemos indicar y leer esa tenaz resistencia, que ha quedado por largo tiempo empotrada, y que ahora despunta, explícitamente, en muchos contextos también como posible respuesta a un disimulado sentido de frustración. En algunas realidades de vida consagrada, quizás relevantes desde el punto de vista numérico y de medios a su disposición, se percibe incapacidad de acoger los signos de lo nuevo: acostumbrados al gusto del vino *añejo* y tranquilizados por modalidades ya experimentadas, falta disponibilidad ante cualquier cambio, excepto los sustancialmente irrelevantes.

10. Tras haber presentado y compartido el estado en que la vida consagrada se encuentra en el momento actual, queremos presentar algunas incoherencias y resistencias. Y lo hacemos con verdad y con lealtad. No podemos aplazar más la tarea de comprender juntos dónde está el nudo que hay que desenredar para salir de la parálisis y superar el miedo ante el futuro. Además de tratar de dar nombre a lo que bloquea el dinamismo de crecimiento y de renovación típico de la profecía de la vida consagrada, nos parece oportuno ofrecer algunas orientaciones para no dejarnos atrapar por el miedo y la pereza. En este sentido trataremos de ofrecer algunas sugerencias acerca de los *iter* formativos, las indicaciones jurídicas necesarias para avanzar, algunos consejos acerca del ministerio de la autoridad para que esté al servicio de un estilo realmente comunional de vida fraterna. Nos parece asimismo necesario prestar una particular atención a otras dos áreas sensibles para la vida consagrada: la formación y la comunión de los bienes.

Como fundamento de todo camino nos parece importante subrayar la necesidad de un nuevo impulso de santidad para los consagrados y las consagradas, impensable sin un arranque de renovada pasión por el Evangelio al servicio del Reino. El Espíritu del Resucitado, que sigue hablando a la Iglesia con sus inspiraciones, nos mueve a ir por este camino.

El Papa Francesco nos confirma en este recorrido: «A vinos nuevos, odres nuevos. ¿Qué nos trae el Evangelio? Alegría y novedad. Novedad, novedad, a vinos nuevos, odres nuevos. Y no hay que temer cambiar las cosas según la ley del Evangelio. Por esto la Iglesia nos pide, a todos nosotros, algunos cambios. Nos pide que dejemos de lado las estructuras obsoletas: ¡no sirven! Y nos pide

que tomemos odres nuevos, los del Evangelio. ¡El Evangelio es novedad! ¡El Evangelio es
fiesta! Y solamente un corazón alegre y un
corazón renovado puede vivir plenamente el
Evangelio. Hay que dar espacio a la ley de las
bienaventuranzas, a la alegría y a la libertad
que la novedad del Evangelio nos trae. Que el
Señor nos conceda la gracia de no quedarnos
presos, sino que nos dé la gracia de la alegría
y de la libertad que la novedad del Evangelio
nos trae » [14].

[14] FRANCISCO, *Meditaciones diarias* en la capilla de la
Domus Sanctae Marthae, Roma (5 de septiembre de 2014).

II.

RETOS AÚN ABIERTOS

11. Lo que Jesús dice sobre la resistencia al cambio – porque *el añejo es agradable* (cf. *Lc* 5, 39) – es un fenómeno que detectamos en todos los funcionamientos humanos y los sistemas culturales. Como el Evangelio enseña en las parábolas del trigo y la cizaña (*Mt* 13, 25-30), y de la red llena de peces *buenos y malos* (*Mt* 13, 47-48), a menudo las buenas obras se mezclan con otras que lo son menos. Si esto no debe sorprendernos, al mismo tiempo debe tenernos siempre vigilantes para reconocer los límites y las fragilidades que impiden los procesos necesarios para un testimonio auténtico y creíble.

Todo sistema estabilizado tiende a resistir al cambio y hace lo posible para mantener su posición, ocultando a veces incongruencias, otras veces aceptando acercar pobremente lo viejo y lo nuevo, o negando la realidad y las fricciones en nombre de una concordia que es ficticia, o hasta disimulando los propios fines con ajustes superficiales. Lamentablemente, no faltan ejemplos en los que se encuentra una adhesión puramente formal, sin la necesaria conversión del corazón.

Vocación e identidad

12. Con sano realismo debemos constatar, en primer lugar, que sigue habiendo un elevado número de personas que abandonan la vida religiosa. Es importante poner de relieve las causas principales de estos abandonos, que a menudo se dan tanto después de los pasos principales del iter formativo (profesión, ordenación), como en edad avanzada. Este fenómeno se observa en todos los contextos culturales y geográficos.

Hay que decir con claridad que no se trata siempre y solo de crisis afectivas. Frecuentemente estas crisis afectivas son el fruto de una remota decepción ante una vida de comunidad sin autenticidad. La brecha entre lo que se propone a nivel de valores y lo que se vive concretamente puede conducir hacia una verdadera crisis de fe. El estrés por actividades apremiantes y exageradamente urgentes hace correr el riesgo de no permitir una sólida vida espiritual, capaz de alimentar y sostener el deseo de fidelidad. En muchos casos el aislamiento de los más jóvenes en las comunidades de ancianos prevalentemente, con dificultad para entrar en un estilo de espiritualidad, de oración, de actividad pastoral que pide la nueva evangelización, puede minar la esperanza de una verdadera promesa de vida. Esta frustración presenta, a veces, el abandono como única vía de salida para no sucumbir.

Los estudios sociológicos han mostrado que los jóvenes no adolecen de aspiraciones hacia valores verdaderos por los que están dispuestos a comprometerse en serio. Se observa en los jóvenes una disponibilidad para la trascendencia, una capacidad para apasionarse por causas de solidaridad, de justicia, de libertad. La vida religiosa con sus estilos estandarizados – muy a menudo fuera del contexto cultural – y con su afán quizás excesivo por la gestión de las obras, corre el riesgo de no percibir el deseo más profundo de los jóvenes. Esto crea un vacío que dificulta cada vez más el relevo generacional y entorpece el necesario diálogo intergeneracional.

Por ello, debemos interrogarnos seriamente sobre el sistema formativo. Es cierto que en estos años hemos hecho cambios, positivos también, y en la justa dirección. Sin embargo, se ha hecho de forma discontinua y sin que esos cambios llegaran a modificar las estructuras esenciales y vertebradoras de la formación. A pesar de todos los esfuerzos y la diligencia prodigados en la formación parece que no se llega a tocar el corazón de las personas y a transformarlo realmente. Se tiene la impresión de que la formación sea más informativa que constitutiva, con el resultado de que en las personas permanece un estado de fragilidad sea en las convicciones existenciales como en el camino de fe. Esto lleva a una estabilidad sicológica y espiritual mínima, con la consiguiente incapacidad para vivir la propia misión con generosidad y con audacia en diálogo con la cultura y la inserción social y eclesial.

13. La reciente evolución de muchos Institutos ha agudizado el problema de la integración entre culturas diferentes. Para algunos Institutos se perfila una situación difícil de gestionar: por un lado alguna decena de miembros ancianos, apegados a tradiciones culturales e institucionales clásicas y, a veces, cómodas y, por otro lado, una amplia variedad de miembros jóvenes – provenientes de diversas culturas – que ansían, se sienten marginados, no aceptan roles subalternos. El deseo de querer tomar en sus manos la responsabilidad para salir de una situación de sumisión podría llevar a algunos grupos a formas de presión cuando se toman decisiones. Esto da pie a experiencias de sufrimiento y marginación, a incomprensiones y límites impuestos, que pueden poner en crisis el proceso irrenunciable de inculturación del Evangelio.

Esta fatiga de inculturación revela más profundamente aún la distancia creciente entre una forma clásica de pensar en la vida consagrada y en sus formas estandarizadas y la manera diversa en la que se percibe y desea en contextos eclesiales y culturales emergentes. Hay que tener en cuenta el proceso de de-occidentalización, o de-europeización de la vida consagrada que parece que corra paralelo a un enorme proceso de globalización. Es cada vez más evidente que lo más importante no es conservar las formas, sino la disponibilidad a repensar continuamente la vida consagrada como memoria evangélica de un estado permanente de conversión del que brotan intuiciones y opciones concretas.

Opciones formativas

14. En este ámbito los Institutos han hecho notables esfuerzos, gracias también a la ayuda de iniciativas de las conferencias de Superiores Mayores (nacionales e internacionales). Sin embargo, se constata todavía una escasa integración entre visión teológica y antropológica a la hora de concebir la formación, el modelo formativo y la pedagogía educativa. Y no se trata solo de una cuestión teórica, ya que esta escasa integración no permite la interacción y el diálogo entre los dos componentes esenciales e indispensables de un camino de crecimiento: la dimensión espiritual y la humana. No es posible pensar que estas dos dimensiones procedan por caminos autónomos, sin cuidarlas de forma complementaria y armoniosa.

El cuidar un crecimiento armónico entre la dimensión espiritual y la humana supone una atención a la antropología específica de las diversas culturas y a la sensibilidad propia de las nuevas generaciones, con una referencia particular a los nuevos contextos de vida. Solo si se vuelve a comprender en profundidad la simbología que toca verdaderamente el corazón de las nuevas generaciones, será posible evitar el peligro de crear una adhesión que es solo superficial, según la moda y la tendencia, donde lo que parece dar seguridad de identidad es la búsqueda de signos externos. Se impone, pues, la necesidad de un discernimiento de las motivaciones vocacionales, con particular atención a las diversas áreas culturales y continentales [1].

[1] Cf. Congregación para los Institutos de Vida Consagrada y las Sociedades de Vida Apostólica, *Cami-*

15. Aunque todos los Institutos tengan ahora una *Ratio formationis*, las aplicaciones del *iter* formativo siguen improvisándose y reduciéndose, sobre todo en los Institutos femeninos, donde las urgencias de las obras a menudo se anteponen a un camino formativo fecundo, sistemático y orgánico. La presión de las obras y de los compromisos cada vez más acuciantes para la gestión de la vida corriente de las comunidades puede crear una perjudicial regresión respecto a los caminos que se han recorrido inmediatamente después del Concilio.

En esta perspectiva habría que evitar sea una frecuencia discontinua a cursos teológicos sea la frecuencia exclusiva a cursos de titulación profesional, salvaguardando los equilibrios de la formación a la vida consagrada. En efecto, se corre el riesgo de que cada uno se construya un mundo aparte cuyos accesos están celosamente cerrados a cualquier intercambio. En el futuro próximo no deberíamos tener solo jóvenes consagrados dotados de títulos académicos, sino también formados en la identificación con los valores de la vida de *sequela Christi*.

nar desde Cristo, un renovado compromiso de la vida consagrada en el Tercer Milenio (19 de mayo de 2009), 19.

16. En diversos Institutos faltan sujetos con la adecuada preparación para la tarea formativa: es una carencia bastante difundida, sobre todo en los pequeños Institutos que han extendido su presencia en otros continentes. No hay que olvidar nunca que no es posible improvisar la formación, sino que ésta exige una preparación remota y continua. Sin una sólida formación de los formadores no sería posible un acompañamiento real y prometedor de los más jóvenes de parte de hermanos y hermanas verdaderamente preparados y de confianza en este ministerio. Para que una formación sea eficaz es necesario que se base en una pedagogía estrictamente personal, y no se limite a una propuesta de valores, de espiritualidad, de tiempos, de estilos y de formas que sea igual para todos. Estamos ante un reto de una personalización de la formación donde se recupere realmente el modelo iniciático. La iniciación exige el contacto del maestro con el discípulo, un caminar al lado, con confianza y esperanza.

En este contexto se insiste en la necesidad de prestar mucha atención a la elección de formadores y formadoras. Su misión principal consiste en transmitir a las personas que les han sido encomendadas «la belleza del seguimiento del Señor y el valor del carisma en que éste se concretiza»[2]. Se les pide principalmente que sean «personas expertas en los caminos que llevan a Dios»[3].

Muy a menudo los jóvenes y las jóvenes están implicados prematuramente en la gestión de las actividades con tanta intensidad y apremio que hace difícil seguir una formación seria. No es posible confiar la formación únicamente a la persona encargada de los más jóvenes, como si fuera un problema solamente suyo, sino que se requiere la colaboración y la presencia armoniosa y oportuna de toda la comunidad, que es el lugar donde «se realiza la iniciación en la fatiga y en el gozo de la convivencia»[4]. Es en la fraternidad donde se aprende a acoger a los demás como don de Dios, aceptando sus características positivas junto con sus diversidades y sus límites. Es en la fraternidad donde se aprende a compartir los dones recibidos para la edificación de todos. Es en la fraternidad donde se aprende la dimensión misionera de la consagración[5].

---

[2] JUAN PABLO II, Ex. Ap. post-sinodal *Vita consecrata* (25 de marzo de 1996), 66.

[3] *Ídem.*

[4] *Ibíd*, 67.

[5] Cf. *Ídem.*

En lo relativo a la formación continua, el riesgo es hablar mucho de ella, pero hacer poco por ella. No basta organizar cursos teóricos de teología y tratar temas de espiritualidad, es urgente instituir una cultura de la formación permanente. De esta cultura deberían formar parte no solo el enunciado de conceptos teóricos, sino también la capacidad de revisar y comprobar la vivencia concreta en las comunidades. Y además no hay que confundir la formación permanente como ocasión de reflexión y de revisión con una especie de turismo religioso que se contenta con revisitar los lugares de origen del Instituto. Se observa, asimismo, el riesgo de reducir las ocasiones de formación a ocasiones especiales (conmemoraciones de memorias del Instituto, celebraciones con ocasión de jubileos de profesión – 25 o 50 años), como si la formación no fuera una exigencia intrínseca al dinamismo de la fidelidad en las distintas etapas de la vida[6].

Es cada vez más importante incluir en la formación continua una seria iniciación para el gobierno. Esta labor, cada vez más importante en la vida de las comunidades, se confía a veces con improvisación y es llevada a cabo de manera impropia y carente.

[6] Cf. *Ibíd*, 70-71.

Relación en el *humanum*

Reciprocidad hombre-mujer

17. En los modelos de vida, en las estructuras de organización y de gobierno, en el lenguaje y en el imaginario colectivo, somos herederos de una mentalidad que resaltaba profundas diferencias entre el hombre y la mujer, en detrimento de su idéntica dignidad. También en la Iglesia, y no sólo en la sociedad, múltiples prejuicios unilaterales impidieron reconocer las dotes del verdadero *genio femenino*[7] y la contribución original de las mujeres. Este tipo de minusvaloración ha tocado particularmente a las mujeres consagradas, que han sido marginadas de la vida, de la pastoral y de la misión de la Iglesia[8]. Con la renovación postconciliar surgió y se propagó una valoración creciente del rol de la mujer. El siglo XX ha sido definido "el siglo de la mujer", sobre todo por el despertar de la conciencia femenina en la cultura moderna, reconocido hace cincuenta años por San Juan XXIII como uno de los más evidentes "signos de los tiempos"[9].

---

[7] Cf. *Ibíd*, 58.

[8] Cf. *Ibíd*, 57.

[9] JUAN XXIII, Carta Enc. *Pacem in terris* sobre la paz entre todas las gentes (11 de abril de 1963), 22.

No obstante, y durante largo tiempo, esta nueva sensibilidad ha encontrado una actitud de resistencia en la comunidad eclesial, y a veces también entre las mismas mujeres consagradas. Recientemente el magisterio ha animado a las mujeres a esta conciencia de su dignidad, en particular por mérito de los pontífices Pablo VI, Juan Pablo II y Benedicto XVI, que han ofrecido un precioso magisterio sobre el tema. Hoy muchas mujeres consagradas aportan un pensamiento positivo que ayuda al proceso de crecimiento de una visión bíblica del *humanum* respecto a una sociedad marcada por estereotipos masculinos en los esquemas mentales y en la organización socio-político-religiosa. Las mujeres consagradas se acercan con solidaridad al sufrimiento de las mujeres que padecen injusticia y marginación en muchos contextos mundiales. Es preciosa la contribución de algunas entre ellas que releen la revelación bíblica con ojos de mujer, para descubrir nuevos horizontes y nuevos estilos, para vivir creativamente el «carisma de la feminidad» [10]. Y la finalidad de esta labor de inteligencia, iluminada por la fe y la pasión eclesial, es promover relaciones de fraternidad

[10] JUAN PABLO II, Carta Ap. *Mulieris dignitatem* (15 de agosto de 1988), 66.

y de sororidad dentro de la Iglesia, para llegar a ser un modelo de sostenibilidad antropológica.

18. Sin embargo, a pesar del camino que se ha recorrido, hay que reconocer también que no se ha alcanzado todavía una síntesis equilibrada y una purificación de los esquemas y de los modelos heredados. Persisten aún demasiados obstáculos en las estructuras y mucha desconfianza a la hora de dar a las mujeres «espacios de participación en diversos sectores y a todos los niveles, incluidos aquellos procesos en que se elaboran las decisiones, especialmente en los asuntos que las conciernen más directamente»[11], en la Iglesia y en la concreta gestión de la vida consagrada. Las jóvenes vocaciones que se presentan, tienen una conciencia femenina acentuada naturalmente, que no siempre se reconoce y acoge como un valor. Las críticas con que se manifiesta una cierta desaprobación vienen no solo de las otras mujeres consagradas, sino también de algunos hombres de Iglesia, que siguen pensando con esquemas machistas y clericales. Estamos lejos del

[11] JUAN PABLO II, Ex. Ap. Post-sinodal *Vita consecrata* (25 de marzo de 1996), 58.

mensaje de liberación que Cristo nos dejó y que la Iglesia debería «difundir proféticamente promoviendo una mentalidad y una conducta conformes a las intenciones del Señor»[12]. Como ha corroborado san Juan Pablo II y repite a menudo el Papa Francisco: «Es legítimo que la mujer consagrada aspire a ver reconocida más claramente su identidad, su capacidad, su misión y su responsabilidad, tanto en la conciencia eclesial como en la vida cotidiana»[13].

En los ambientes de vida consagrada falta una verdadera maduración en la reciprocidad entre hombre y mujer: es urgente una pedagogía adecuada para los jóvenes que les ayude a alcanzar un sano equilibrio entre identidad y alteridad; como también una ayuda adecuada para los mayores, a fin de ayudarlos a reconocer la positividad de una reciprocidad que sea respetuosa y serena. Podemos hablar de disonancia cognitiva entre religiosos mayores y jóvenes. Para los unos las relaciones con lo femenino y lo masculino están marcadas por mucha discreción y hasta fobia, y para los otros por apertura, espontaneidad y naturalidad.

[12] *Ibíd*, 57.
[13] *Ídem.*

Otro aspecto a considerar es la debilidad que se nota *ad intra* de los Institutos para el proceso antropológico-cultural de verdadera integración y recíproca complementariedad con el elemento y la sensibilidad femenina y masculina. San Juan Pablo II ha reconocido como legítimo el deseo de las consagradas de tener «espacios de participación en diversos sectores y a todos los niveles»[14], pero, de hecho, en la praxis estamos todavía lejos de ello. Y se corre el riesgo de empobrecer seriamente a la Iglesia misma, como ha dicho el Papa Francisco: «No reduzcamos el compromiso de las mujeres en la Iglesia, por el contrario tratemos de promover su rol activo en la comunidad eclesial. Si la Iglesia pierde a las mujeres, en su dimensión total y real, la Iglesia corre el riesgo de la esterilidad»[15].

Servicio de autoridad

19. El servicio de autoridad no queda ajeno a la crisis que la vida consagrada atraviesa. Una primera lectura de algunas situaciones evidencia la centralización verticalista en el

[14] *Ibíd*, 58.

[15] FRANCISCO, *Discurso* con ocasión del Encuentro con el Episcopado brasileiro, Rio de Janeiro (27 de julio de 2013).

ejercicio de la autoridad, tanto a nivel local como más alto, suplantando así la necesaria subsidiariedad. Podría levantar sospecha, en algunos casos, la insistencia de algunos superiores sobre el carácter personal de su autoridad hasta casi hacer inútil la colaboración de los Consejos, convencidos de poder responder (autónomamente) a su propia conciencia. De esto se desprende una escasa colegialidad en la praxis de gobierno o, en el caso, la ausencia de oportunas delegaciones. El gobierno no puede concentrarse ciertamente en manos de uno sólo, evitando así las prohibiciones canónicas[16]. En algunos Institutos hay todavía superiores y superioras que no tienen en cuenta las decisiones capitulares como es debido.

En muchos casos se confunden los niveles general, provincial y local, porque no se garantiza la autonomía que corresponde a la subsidiariedad propia de cada nivel. De este modo no se favorece la corresponsabilidad que admite espacios de justa autonomía. Se observa el fenómeno de superiores a quienes solo les preocupa mantener el *status quo*, aquel "siempre se ha hecho así". La invitación del Papa Francisco «a ser audaces y creativos [...] a repensar los objetivos, las

---

[16] Cf. *CIC*, c. 636.

estructuras, el estilo y los métodos»[17] es asimismo válida para los organismos y la praxis de gobierno.

20. Ante estas serias cuestiones no es ciertamente una praxis sabia recurrir a mayorías pre-constituidas por la autoridad, descuidando el arte de convencer y de persuadir, la información correcta y honesta y la clarificación de las objeciones. Y menos aún es aceptable una praxis de gobierno cuya base es la lógica de las coaliciones, peor todavía si es alimentada por prejuicios, que destruye la comunión carismática de los Institutos e incide negativamente en el sentido de pertenencia. San Juan Pablo II ha recordado la antigua sabiduría de la tradición monástica – «Dios inspira a menudo al más joven lo que es mejor» (*Regula Benedicti*, III, 3) – para un recto ejercicio concreto de la espiritualidad de comunión que promueve y asegura la participación activa de parte de todos[18].

---

[17] FRANCISCO, Ex. Ap. *Evangelii gaudium* (24 de noviembre de 2013), 33.

[18] Cf. JUAN PABLO II, Carta Ap. *Novo millennio ineunte* (6 de enero de 2001), 45; CONGREGACIÓN PARA LOS INSTITUTOS DE VIDA CONSAGRADA Y LAS SOCIEDADES DE VIDA APOSTÓLICA, Instrucción *Caminar desde Cristo. Un renovado empeño de la vida consagrada en el Tercer Milenio* (19 de mayo de 2002), 14.

Cualquiera autoridad, fundador incluido, no puede creer ser la única en interpretar el carisma y tampoco puede presumir poderse substraer a las normas del derecho universal de la Iglesia. Estos comportamientos pueden alimentar y manifestar desconfianza hacia las otras componentes de la Iglesia[19], de la familia religiosa o de la comunidad de referencia.

En estos años – y especialmente en los institutos recién fundados – no han faltado hechos y situaciones de manipulaciones de la libertad y de la dignidad de las personas, no sólo reduciéndolas a una total dependencia que mortificaba la dignidad y hasta los derechos humanos fundamentales, sino induciéndolas, con embaucamientos y con la pretensión de la fidelidad a los proyectos de Dios mediante el carisma, a una sumisión que alcanzaba también la esfera de la moralidad y hasta la de la intimidad sexual. Con gran escándalo para todos cuando los hechos salen a la luz.

21. En el servicio cotidiano de la autoridad, es posible evitar que la persona se vea obligada a pedir permisos continuamente

---

[19] Cf. CONGREGACIÓN PARA LOS INSTITUTOS DE VIDA CONSAGRADA Y LAS SOCIEDADES DE VIDA APOSTÓLICA, Instrucción *El servicio de la autoridad y la obediencia. Faciem tuam, Domine, requiram* (11 de mayo de 2008), 13f.

para actuar en la vida de cada día. Quien ejerce el poder no debe alimentar actitudes infantiles que pueden inducir a comportamientos privados de responsabilidad. Es difícil que esta línea pueda llevar a las personas a la madurez.

Lamentablemente hay que reconocer que situaciones de este tipo son más frecuentes de lo que estamos dispuestos a aceptar y a denunciar, y se dan sobre todo en Institutos femeninos. Esta es una de las razones que parece motivar numerosos abandonos, que para algunos son la única respuesta a situaciones que se han hecho insoportables.

Ante cualquier solicitud de abandono habría que preguntarse seriamente sobre las responsabilidades del conjunto de la comunidad y, en particular, de los superiores. ¡Hay que decir con claridad que el autoritarismo menoscaba la vitalidad y la fidelidad de los consagrados! El Código afirma con mucha fuerza: "La vida fraterna propia de cada Instituto [...] debe determinarse de manera que sea para todos una ayuda mutua en el cumplimiento de la propia vocación personal"[20].

---

[20] *CIC*, c. 602; cf. CONCILIO ECUMÉNICO VATICANO II, Decreto sobre la renovación de la vida religiosa *Perfectae caritatis*, 15.

Por tanto, aquel que ejerce su ministerio sin la paciencia de la escucha y la acogida de la comprensión, se pone en condiciones de escasa autoridad moral ante sus propios hermanos y hermanas. Y esto porque "la autoridad del superior religioso debe caracterizarse por el espíritu de servicio, a ejemplo de Cristo que no ha venido a ser servido sino a servir"[21]. Actitud inspirada en Jesús siervo que lava los pies de sus discípulos para que tengan parte en su vida y en su amor[22].

Modelos relacionales

22. Al comentar los *odres nuevos* de los que habla Jesús en el Evangelio, se decía que el remplazo de los *odres* no es automático, sino que exige compromiso, habilidad y disponibilidad al cambio. Para que esto ocurra, se exige la generosa disponibilidad de renuncia a cualquier forma de privilegio. Hay que recordar que nadie, y en primer lugar quienes han sido constituidos en autoridad, se puede considerar exento de una serie de renuncias a esquemas ya superados y perjudiciales. Nin-

---

[21] Cf. CONGREGACIÓN PARA LOS INSTITUTOS DE VIDA CONSAGRADA Y LAS SOCIEDADES DE VIDA APOSTÓLICA, Instrucción *El servicio de la autoridad y la obediencia. Faciem tuam, Domine, requiram* (11 de mayo de 2008), 14b.

[22] Cf. *Ibíd*, 12.

gún cambio es posible sin renunciar a esquemas obsoletos [23] para que se abran horizontes nuevos y posibilidades en el gobierno, en la vida en común, en la gestión de los bienes y en la misión. De ninguna manera es posible demorarse en una actitud que sabe más a manutención que a una autentica recalificación de estilo y de actitudes.

Un indicio de esta situación de bloqueo es la persistente concentración del poder de decisión y la falta de alternancia en el gobierno de las comunidades y de los Institutos.

Con *parresia* evangélica hemos de tomar conciencia de que en algunas congregaciones femeninas se da el perpetuarse de cargos. Las personas permanecen en el gobierno, aunque con diversas funciones, por demasiados años. Sería oportuno proveer con normas específicas para atenuar los efectos de media y larga duración de la difundida praxis de cooptación a roles de responsabilidad de miembros de precedentes gobiernos generales. Dicho de otro modo, normativas que impidan mantener cargos más allá del plazo canónico, sin permitir que se recurra a fórmulas que, en realidad, eluden lo que las normas tratan de evitar.

[23] CONCILIO ECUMÉNICO VATICANO II, Decreto sobre la renovación de la vida religiosa *Perfectae caritatis*, 3.

23. Otro punto que no podemos ocultar es que en estas décadas se ha ido intensificando la tendencia a la clericalización de la vida consagrada, siendo uno de los fenómenos más evidente la crisis numérica de los Institutos religiosos laicales[24]. Otro fenómeno son los religiosos presbíteros casi exclusivamente dedicados a la vida diocesana y menos a la vida comunitaria, que queda debilitada.

Sigue abierta la reflexión teológica y eclesiológica acerca de la figura y de la función del religioso-presbítero sobre todo cuando acepta un servicio pastoral.

Habría que afrontar, asimismo, el fenómeno de religiosos-sacerdotes que el obispo acoge benevolente en una diócesis sin el oportuno discernimiento y las necesarias verificaciones. De igual forma, hay que vigilar sobre la facilidad de algunos institutos religiosos en acoger sin un oportuno discernimiento a clérigos seminaristas expulsados de seminarios diocesanos u otros Institutos.[25] Es preciso no desatender de ninguna manera estos pun-

---

[24] Cf. CONGREGACIÓN PARA LOS INSTITUTOS DE VIDA CONSAGRADA Y LAS SOCIEDADES DE VIDA APOSTÓLICA, *Identidad y misión del religioso hermano en la Iglesia*, LEV, Città del Vaticano 2013.

[25] Cf. CONGREGACIÓN PARA EL CLERO, *El don de la vocación presbiteral. Ratio fundamentalis institutionis sacerdotalis* (8 de diciembre de 2016).

tos, con el fin de evitar también problemas más graves para las personas y para las comunidades.

24. Obediencia y servicio de autoridad siguen siendo cuestiones sumamente sensibles, y esto también porque el trasfondo cultural y la mentalidad de hoy han pasado por profundas e inéditas transformaciones, en algunos aspectos hasta desconcertantes para algunos. En el contexto en que vivimos no es ya adecuada la terminología *superior* y *súbdito*. Lo que funcionaba en una relación piramidal y autoritaria no es ni deseable ni vivible en el talante de comunión de nuestra manera de sentirnos y querernos Iglesia. Hay que tener presente que la obediencia verdadera no puede dejar de poner en primer lugar la obediencia a Dios, tanto de parte de la autoridad como de aquel que obedece, como también no puede ignorar la referencia a la obediencia de Jesús; obediencia que incluye su grito de amor *Dios mío, Dios mío, ¿por qué me has abandonado?* (*Mt* 27, 36) y el silencio de amor del Padre.

El Papa Francisco dirige una apremiante invitación «a todas las comunidades del mundo [y] pide especialmente un testimonio de comunión fraterna que se vuelva atractivo y resplandeciente. Que todos puedan admirar cómo os cuidáis unos a otros, cómo os dais aliento mutuamente y cómo os acompañáis »[26].

Así que la verdadera obediencia no excluye, sino que exige que cada uno manifieste su propia convicción madurada en el discernimiento, aunque dicha convicción no coincida con lo que el superior pide. Tras lo cual, si en nombre de la comunión, un hermano o una hermana, aun viendo cosas mejores, obedece por su propia voluntad, se pone en práctica entonces la *obediencia caritativa*[27].

Existe la difundida impresión según la cual, no pocas veces, falta la base evangélica de la fraternidad en la relación superior-súbdito. Se da más importancia a la institución que a las personas que la forman. Según la experiencia de esta Congregación, no es casualidad que entre las causas principales de los abandonos resalten: el empobrecimiento de la visión de fe, los conflictos en la vida fraterna y una vida de fraternidad carente de humanidad.

El *Código* describe bien cómo los superiores han de guiar la comunidad, concretando lo que afirma *Perfectae caritatis*: «Ejerzan los

[26] FRANCISCO, Ex. Ap. *Evangelii gaudium* (24 de noviembre de 2013), 99.

[27] Cf. FRANCISCO DE ASÍS, *Avisos espirituales*, III.6.

superiores con espíritu de servicio [...] gobiernen a sus súbditos como a hijos de Dios, fomentando su obediencia voluntaria con respeto a la persona humana [...] deben procurar edificar una comunidad fraterna en Cristo, en la cual, por encima de todo, se busque y se ame a Dios »[28].

25. Merece una consideración y un relieve particular la relación superior-fundador en las nuevas fundaciones: mientras hay que agradecer al Espíritu Santo tantos carismas que vivifican la vida eclesial, no podemos ocultar la perplejidad ante actitudes provenientes de una idea reducida de obediencia que puede ser peligrosa. En algunos casos no se fomenta la colaboración « con obediencia activa y responsable »[29], sino la sujeción infantil y la dependencia escrupulosa, perjudicando la dignidad de la persona hasta humillarla.

En estas nuevas experiencias o en otros contextos, no siempre se considera y se respeta correctamente la distinción entre foro ex-

---

[28] *CIC*, cc. 618-619; cf. CONCILIO ECUMÉNICO VATICANO II, Decreto sobre la renovación de la vida religiosa *Perfectae caritatis*, 14.

[29] CONCILIO ECUMÉNICO VATICANO II, Decreto sobre la renovación de la vida religiosa *Perfectae caritatis*, 14.

terno y foro interno[30]. La segura garantía de la mencionada distinción evita una indebida injerencia que puede llevar a situaciones de falta de libertad interior, de sujeción psicológica hasta un cierto control de las conciencias. En estos, como en otros casos, se trata de no provocar en los miembros una excesiva dependencia, que puede asumir formas de plagio, incluso de violencia psicológica. En este ámbito resulta necesario, además, separar la figura del superior de la del fundador.

26. Una vida comunitaria igualada, que no deja espacio para la originalidad, la responsabilidad y las relaciones fraternas tiene como consecuencia un compartir limitado en la vida real. El deterioro de estas relaciones es muy evidente en el modo concreto de vivir la comunión evangélica de los bienes. El Papa Francisco advierte: «La crisis financiera que atravesamos nos hace olvidar que en su origen hay una profunda crisis antropológica: ¡la negación de la primacía del ser humano!»[31].

---

[30] Objeto de especial atención debería ser lo dicho en el c. 630.

[31] FRANCISCO, Ex. Ap. *Evangelii gaudium* (24 de noviembre de 2013), 55.

En su larga historia, la vida consagrada ha sido capaz de oponerse proféticamente cada vez que el poder económico ha corrido el riesgo de humillar a las personas y, sobre todo, a los más pobres. En la presente situación global de crisis financiera a la que apunta a menudo el Papa Francisco, los consagrados somos llamados a ser verdaderamente fieles y creativos para no fallar a la profecía de la vida común y de la solidaridad, sobre todo hacia los pobres y más frágiles.

Hemos pasado de una economía doméstica a procesos administrativos y de gestión que escapan de nuestro control y evidencian nuestra precariedad y, más aún, nuestra impreparación. No podemos dejar de centrarnos en la transparencia en materia económica y financiera como primer paso para recuperar el auténtico sentido evangélico de la comunión real de los bienes dentro de las comunidades y de su compartir concreto con quienes viven a nuestro lado.

27. En las comunidades, la distribución de los bienes hágase siempre respetando la justicia y la corresponsabilidad. En algunos casos se constata casi un régimen que traiciona los fundamentos irrenunciables de la vida fraterna mientras que «la autoridad está llamada a promover la dignidad de la persona »[32]. No es posible aceptar un estilo de gestión en el que a la autonomía económica de algunos corresponde la dependencia de otros, socavando así el sentido de recíproca pertenencia y la garantía de equidad aun reconociendo la diversidad de roles y de servicios.

Los regulación del estilo de vida individual de consagrados y consagradas no exime de un discernimiento serio y atento sobre la pobreza del Instituto, como evaluación, acción y testimonio significativo en la Iglesia y entre el pueblo de Dios.

28. Los consagrados y las consagradas, reconociendo el primado del ser respecto al primado de tener, el primado de la ética respecto al primado de la economía, deberían asumir, como alma de su acción, una ética de solidaridad, de intercambio, evitando la gestión exclusiva de los recursos en manos de unos pocos.

Las gestiones de un Instituto no son de circuito cerrado, porque de serlo no expresarían la eclesialidad. Los bienes de los Institu-

---

[32] CONGREGACIÓN PARA LOS INSTITUTOS DE VIDA CONSAGRADA Y LAS SOCIEDADES DE VIDA APOSTÓLICA, Instrucción *El servicio de la autoridad y la obediencia. Faciem tuam, Domine, requiram* (11 de mayo de 2008), 13b.

tos son bienes de la Iglesia y participan de las mismas finalidades en la forma evangélica de la promoción de la persona humana, de la misión, de la puesta en común solidaria y caritativa con el pueblo de Dios: y sobre todo la solicitud y el cuidado de los más pobres, como compromiso común, pueden dar una nueva vitalidad al Instituto.

Esta solidaridad, vivida ciertamente dentro de cada Instituto y de cada fraternidad, hay que ensancharla a otros Institutos. En la *Carta Apostólica a todos los consagrados* el Papa Francisco invita a la «comunión entre los miembros de los distintos Institutos»[33]. ¿Por qué no pensar también en una comunión efectiva en el ámbito económico, en particular con aquellos institutos que atraviesan situaciones de necesidad, poniendo en común los propios recursos?[34]. Sería un hermoso testimonio de comunión dentro de la vida consagrada, un signo profético en esta sociedad que es la nuestra «dominada por una nueva tiranía

[33] FRANCISCO, *Carta Apostólica* a todos los consagrados con ocasión del Año de la vida consagrada (21 de noviembre de 2014), II, 3.

[34] Cf. CONGREGACIÓN PARA LOS INSTITUTOS DE VIDA CONSAGRADA Y LAS SOCIEDADES DE VIDA APOSTÓLICA, Carta circular *Líneas orientativas para la gestión de los bienes en los Institutos de vida consagrada y en las Sociedades de vida apostólica* (2 de agosto de 2014), 2.3.

a veces virtual, que impone, de forma unila-
teral e implacable, sus leyes y sus reglas»[35],
la tiranía del poder y del haber que «no co-
noce límites»[36].

[35] Cf. FRANCISCO, Ex. Ap. *Evangelii gaudium* (24 de noviembre de 2013), 56.
[36] *Ídem.*

III.

PREPARAR ODRES NUEVOS

29. Jesús puso en guardia muchas veces a sus discípulos frente a la tendencia de reconducir lo nuevo del anuncio evangélico a las viejas costumbres, con el riesgo de reducirlo a un *ethos* puramente repetitivo. Junto con la parábola del *vino nuevo* que hay que poner en *odres nuevos* estamos llamados a dejarnos guiar por la lógica de las Bienaventuranzas. El Discurso de la montaña es la *magna charta* para el camino de cada discípulo: *Se os dijo... pero yo os digo* (cf. *Mt* 5, 21.27.33.38.43). Si esta es la dirección en la que moverse, el Señor nos pone también en guardia de todo peligro de arranque legalista: *Guardaos de...* (*Mc* 8, 15; *Mt* 16, 11; *Lc* 12, 15).

El conjunto de las palabras y de los gestos de Jesús insta continuamente a un proceso infinito de apertura a la *novedad del Reino*. El primer paso de esta apertura es el discernimiento y el rechazo de todo aquello que contradice los valores substanciales de la fidelidad a Dios que se expresa en la disponibilidad para servir: *no sea así entre vosotros* (cf. *Mc* 10,43). La vida de Jesucristo es historia de una *nueva praxis*, en la que se enraíza la *vida nueva* de sus discípulos llamados a ser sensibles a las nuevas lógicas y a las nuevas prioridades que el Evangelio sugiere.

Fidelidad en el Espíritu

30. En la primera parte de estas *Orientaciones*, el análisis de los desafíos aún abiertos nos debe conducir a este umbral evangélico, dispuestos a reconocer los puntos problemáticos para abrir nuevas pistas de esperanza para todos. Por analogía, podemos aplicar aquí lo que nos recomienda el Papa Francisco: «La pastoral en clave de misión pretende abandonar el cómodo criterio pastoral del 'siempre se ha hecho así'. Invito a todos a ser audaces y creativos en esta tarea de repensar los objetivos, las estructuras, el estilo y los métodos evangelizadores de las propias comunidades»[1].

Se trata, pues, de descubrir los nuevos *caminos* hacia la autenticidad del testimonio carismático y evangélico de la vida consagrada, de discernir y, luego, poner en marcha los

[1] FRANCISCO, Ex. Ap. *Evangelii gaudium* (24 de noviembre de 2013), 33.

necesarios procesos de purificación y de sanación de la *levadura de maldad y perversidad* (cf. *1 Cor* 5, 8). En este proceso apasionante y laborioso, las inevitables tensiones y los sufrimientos pueden ser señal de una nueva gestación. De hecho estamos ya en el umbral de nuevas síntesis que nacerán con *gemidos interiores e inefables* (cf. *Rm* 8, 23.26) y un paciente ejercicio de fidelidad creativa[2].

31. Las invitaciones que el Papa Francisco hace cada día a vivir el Evangelio con alegría y sin hipocresías, nos estimulan a una simplificación en la que podemos redescubrir la fe de los sencillos y la audacia de los santos. La originalidad evangélica (*Mc* 10, 43), de la que la vida consagrada quiere ser profecía encarnada, pasa por actitudes y opciones concretas: la primacía del servicio (*Mc* 10, 43-45) y el camino constante hacia los pobres y la solidaridad con los más pequeños (*Lc* 9, 48); la promoción de la dignidad de la persona en cualquier situación de vida y de sufrimiento en la que se encuentre (*Mt* 25, 40); la subsidiaridad como ejercicio de confianza recíproca y de generosa colaboración de todos y con todos.

[2] Cf. JUAN PABLO II, Ex. Ap. post-sinodal *Vita consecrata* (25 de marzo de 1996), 37.

32. Para ser capaces de responder a los llamados del Espíritu y a las provocaciones de la historia es oportuno recordar que « la vida consagrada está *en el corazón mismo* de la Iglesia como elemento decisivo para su misión, ya que 'indica la naturaleza íntima de la vocación cristiana' y la 'aspiración de toda la Iglesia Esposa hacia la unión con el único Esposo' »[3]. La naturaleza de signo que connota la vida consagrada en el camino histórico del pueblo de Dios, la coloca de manera privilegiada en la línea de la profecía evangélica. Esta línea profética es signo y fruto de su naturaleza carismática que la hace capaz de inventiva y de originalidad. Esto exige estar continuamente disponibles a los signos que vienen del Espíritu, hasta *escuchar el viento* (cf. *1R* 19,12). Solo esta actitud permite reconocer los misteriosos caminos (cf. *Jn* 3,8) de la gracia, hasta renacer a una nueva esperanza en la fecundidad de la Palabra (cf. *Jn* 4,35).

33. En todo su alcance, la identidad no es un dato inmóvil y teórico, sino un proceso de crecimiento, compartido. La brecha intergeneracional, la interculturación, la multiculturalidad y la interculturalidad que caracterizan

---

[3] *Ibíd*, 3.

cada vez más a los Institutos de vida consagrada, de lugar de fatiga pueden convertirse en ámbitos de desafío para un verdadero diálogo comunitario hecho en un clima cordial y según la caridad de Cristo. Solo así, todos se sentirán comprometidos y responsables en el *proyecto comunitario* « de manera que sea para todos una ayuda mutua en el cumplimiento de la propia vocación personal »[4].

Estas necesidades piden un cambio de las estructuras, de manera que sean un apoyo para todos, en una renovada confianza que impulse una fidelidad dinámica y fraterna.

Modelos formativos y formación de los formadores

34. En el ámbito formativo se ha llevado a cabo en estos años una profunda transformación de métodos, lenguajes, dinámicas, valores, finalidades, etapas. El Papa Francisco ha justamente vuelto a repetir: « Hay que pensar siempre en el 'pueblo de Dios'. [...] No debemos formar administradores, gestores, sino a padres, hermanos, compañeros de camino »[5],

---

[4] *CIC*, c. 602.

[5] FRANCISCO, *Despertad al mundo, Coloquio de Papa Francesco con los Superiores Generales*, en *La Civiltà Cattolica*, 165 (2014/I), 11.

y añade: « La formación es una obra artesanal, no policíaca »[6].

Casi todos los Institutos han elaborado su propia *Ratio formationis*, para responder a las nuevas exigencias, sin embargo bajo el mismo nombre en realidad hay una notable divergencia de lenguaje, calidad y sapiencia mistagógica. Aunque se trate de documentos recién hechos, se impone la revisión de estos recetarios, a menudo copiados unos de otros. Y esto porque la cuestión de la formación inicial y continua es un aspecto fundamental para poder garantizar el futuro de la vida consagrada.

35. En particular la *formación continua* necesita de una cura específica como lo ha subrayado el Papa en el conocido diálogo con los Superiores generales:

a) La formación continua ha de ser orientada hacia la identidad clesial de la vida consagrada. No se trata sólo de ponerse al día sobre las nuevas teologías, las normas eclesiales, o sobre los nuevos estudios acerca de la propia historia y el carisma del Instituto. Se trata de consolidar, o con frecuencia incluso volver a encontrar, el propio lugar en la

---

[6] *Ibíd*, 10.

Iglesia al servicio de la humanidad. A menudo esta labor coincide con aquella clásica *segunda conversión*, que se impone en momentos decisivos de la vida, como la mediana edad, una situación de *crisis* o también el retiro de la vida activa, por enfermedad o edad avanzada[7].

b) Estamos todos convencidos de que la formación ha de durar toda la vida. Sin embargo, hemos de admitir que no existe todavía una cultura de la formación continua. Esta carencia es el fruto de una mentalidad parcial y restrictiva de la formación continua, a cuya importancia somos poco sensibles y en la que la implicación de las personas es mínima. A nivel de praxis pedagógica, no hemos encontrado todavía itinerarios concretos, en el plano individual y comunitario, que la hagan verdadero camino de crecimiento en fidelidad creativa con resonancias apreciables y duraderas en la vida concreta.

c) De modo particular cuesta creer que la formación es de veras continua solo cuando es ordinaria y se cumple en la realidad de cada día. Permanece todavía una interpretación débil o sociológica de la formación con-

---

[7] Cf. JUAN PABLO II, Ex. Ap. post-sinodal *Vita consecrata* (25 de marzo de 1996), 70.

tinua, como si fuese un simple deber de actualización o una exigencia eventual de una renovación espiritual y no de una continua actitud de escucha y de intercambio de llamamientos, problemáticas, horizontes. Cada cual está llamado a dejarse tocar, educar, provocar, iluminar por la vida y por la historia, por lo que anuncia y que celebra, por los pobres y por los excluidos, por los que están cerca y por los que están lejos.

d) Igualmente se ha de clarificar el papel de la formación inicial, que ya no puede contentarse con formar en la docilidad y en las sanas costumbres y tradiciones de un grupo, sino que ha de hacer al joven consagrado realmente *docibilis*. Esto significa formar un corazón libre para aprender de la historia de cada día durante toda la vida, según el estilo de Cristo, para estar al servicio de todos.

e) De modo especial, y en referencia a este tema, es indispensable una reflexión sobre la dimensión también estructural-institucional de la formación permanente. Así como después del Concilio de Trento nacieron seminarios y noviciados para la formación inicial, así hoy estamos llamados a realizar adecuadas formas y estructuras que sostengan el camino de cada consagrado hacia una progresiva conformación con los sentimientos del Hijo (cf. *Fil* 2,5). Sería ésta una señal institucional sumamente elocuente.

36. A los superiores se les pide que estén cerca de las personas consagradas en todas las problemáticas relativas a su camino, tanto personal como comunitario. Su tarea particular consiste en acompañar mediante un diálogo sincero y constructivo, a quienes están en formación o se encuentran, por diversas razones, en estos ámbitos. Las dificultades que han ido surgiendo obligan a promover una vida fraterna en la que los elementos humanizantes y evangélicos encuentren equilibrio para que cada uno se sienta corresponsable y al mismo tiempo sea reconocido como indispensable para la construcción de la fraternidad. De hecho, la fraternidad es el lugar eminente de formación continua.

37. Hay que preparar oportunamente nuevas competencias también en la formación de los formadores en contextos multiculturales. « Las buenas estructuras ayudan, pero por sí solas no bastan »[8]. Las estructuras interprovinciales o internacionales para la forma-

---

[8] Benedicto XVI, Carta Enc. *Spe Salvi* (30 de noviembre de 2007), 25.

ción de los candidatos, conllevan que el rol de formadores/formadoras se confíe a personas realmente convencidas de que «el cristianismo no tiene un único modelo cultural, sino que, 'permaneciendo plenamente uno mismo, en total fidelidad al anuncio evangélico y a la tradición eclesial, llevará consigo también el rostro de tantas culturas y de tantos pueblos en que ha sido acogido y arraigado'»[9]. Esto supone la capacidad y la humildad de no imponer un sistema cultural, sino de fecundar toda cultura con la semilla del Evangelio y de la tradición carismática propia evitando con sumo cuidado la «vanidosa sacralización de la propia cultura»[10].

La sinergia de los nuevos conocimientos y competencias puede favorecer un acompañamiento formativo en un particular contexto multicultural, con el fin de superar formas de asimilación o de homologación que a la larga vuelven a emerger – en el *iter* formativo y más allá del mismo – produciendo problemáticas que inciden de forma negativa en el sentido de pertenencia al Instituto y en la perseverancia en la vocación a la *sequela Christi*.

[9] FRANCISCO, Ex. Ap. *Evangelii gaudium* (24 de noviembre de 2013), 116.

[10] *Ibíd.*, 117.

Hacia una relacionalidad evangélica

Reciprocidad y procesos multiculturales

38. Reflexionar sobre la vida consagrada femenina significa interrogarse concretamente sobre las instituciones y sobre las mujeres consagradas como personas y como comunidades, teniendo en cuenta la complejidad de nuestro tiempo. Hay que reconocer que en estos años, en particular desde la publicación de *Mulieris dignitatem* (1988), el Magisterio ha solicitado y acompañado una visión respetuosa de los procesos culturales y eclesiales acerca de la identidad femenina que incide, de modo evidente (o a veces latente) en la vivencia de los Institutos.

En particular, las diversidades culturales obligan al doble camino de arraigo en el propio ser cultural específico y a trascender sus límites con una envergadura evangélica cada vez más amplia. Por la profesión religiosa el consagrado opta por vivir una mediación entre su afiliación cultural específica y su aspiración de vida evangélica que, ensanche, necesariamente, sus horizontes y ahonde su sensibilidad. Es urgente explorar esta función de mediación sin que se someta a los particularismos de la diversidad cultural.

En esta perspectiva es evidente la necesidad de reconsiderar la teología de la vida consagrada en sus elementos constitutivos, acogiendo las instancias que emergen del mundo femenino y enlazándolas con el mundo masculino. El acento sobre lo específico no debe remover la pertenencia a la humanidad común. Es oportuno, pues, recuperar enfoques interdisciplinares, no solo en el ámbito teológico, sino en el de las ciencias humanas en sus múltiples articulaciones.

39. En particular, requiere una urgente y específica atención la reciente y rápida internacionalización, sobre todo de los Institutos femeninos, llevada a cabo con soluciones a veces improvisadas y sin una prudente gradualidad. Hay que reconocer que la dilatación geográfica no ha ido acompañada de una adecuada revisión de estilos y estructuras, esquemas mentales y conocimientos culturales que permiten una verdadera inculturación e integración. En particular, la falta de renovación denota la valoración de la manera de sentirse mujeres en la Iglesia y en la sociedad como lo ha indicado asimismo el magisterio pontificio. La escasa concientización o hasta incluso la negación de la cuestión femenina tiene secuelas negativas con grave daño para las nuevas generaciones de mujeres.

Muchas mujeres, encomendándose al Instituto para ser introducidas y formadas en el *seguimiento de Cristo,* se encuentran obligadas a asumir modelos de comportamientos ya anticuados sobre todo con relación a roles que saben más a "servidumbre" que a servicio en libertad evangélica.

40. Los procesos de internacionalización deberían vivirse en todos los Institutos (masculinos y femeninos) de manera que se convirtieran en laboratorios de hospitalidad solidaria donde sensibilidad y culturas diversas puedan adquirir fuerzas y significados que se desconocen en otros lugares y, por consiguiente, sumamente proféticos. Esta hospitalidad solidaria se construye por medio de un verdadero diálogo entre las culturas para que todos puedan convertirse al Evangelio, sin renunciar a su particularidad. El objetivo de la vida consagrada no es mantenerse como estado permanente en las culturas diversas, sino mantener permanente la conversión evangélica en el corazón de la construcción progresiva de una realidad humana intercultural.

A veces una débil y no culturizada visión antropológica-espiritual de la identidad femenina amenaza con apagar o herir la vitalidad de los miembros presentes en los Institutos de vida consagrada. Hay todavía mucho trabajo que hacer para promover modelos comunitarios convenientes a la identidad femenina de las consagradas. Al respecto hay que reforzar las estructuras relacionales de confrontación y de sororidad entre superioras y hermanas. Ninguna hermana ha de ser relegada a un estado de servidumbre, como por desgracia se encuentra a veces. Este estado favorece infantilismos peligrosos y podría impedir la maduración global de la persona.

Se preste atención para que la distancia que existe entre las consagradas que sirven en autoridad (a distintos niveles) o que tienen la tarea de la administración de los bienes (a distintos niveles) y las hermanas que de ellas dependen no se convierta en fuente de sufrimiento por la disparidad y el autoritarismo. Esto sucede cuando las primeras desarrollan madurez y proyectualidad, mientras las otras, muy a menudo, son privadas incluso hasta de las formas más elementales de decisión y desarrollo de los recursos personales y de comunidad.

Servicio de autoridad: modelos relacionales

41. En la más amplia visión sobre la vida consagrada desde el Concilio, hemos pasado de la centralidad del rol de la autoridad a la centralidad de la dinámica de la fraternidad. Es por ello que la autoridad no puede sino estar al servicio de la comunión: un verdadero ministerio para acompañar a hermanos y hermanas hacia una fidelidad consciente y responsable.

De hecho, la confrontación entre hermanos o hermanas y la escucha de la persona llegan a ser un lugar imprescindible para un servicio de la autoridad que sea evangélico. El recurso a técnicas de gestión o a la aplicación espiritualista y paternalista de modos y formas que son consideradas como la expresión de la "voluntad de Dios" es reductivo respecto de un ministerio que está llamado a confrontarse con las expectativas de los demás, con la realidad de cada día y con los valores vividos y compartidos en comunidad.

42. En la relación superior-súbdito el desafío consiste en compartir de manera responsable un proyecto común, superando la mera ejecución de obediencias que no están al servicio del Evangelio, sino sólo al servicio de la necesidad de mantener la situación o de responder a urgencias de la economía.

En esta visión es posible considerar la instancia que a menudo recibe este Dicasterio con ocasión de la aprobación de Constituciones (reelaboración y/o enmiendas) para que se proceda a una reformulación de la terminología jurídica vigente, en orden a los términos superior y súbdito. El decreto conciliar *Perfectae caritatis* había ya invitado a ello al decir: «El modo de vivir, de orar y de actuar ha de estar convenientemente acomodado a las actuales condiciones físicas y psíquicas de los miembros del Instituto y también acomodado en todas las partes, pero, principalmente, en tierras de misión y a tenor de lo que requiere la índole peculiar de cada Instituto y las necesidades del apostolado, a las exigencias de la cultura y a las circunstancias sociales y económicas»[11].

43. Hay que impulsar un servicio de autoridad que llame a la colaboración y a una visión común en el estilo de la fraternidad. El Dicasterio, en sintonía con el camino conciliar, promulgó en su momento la Instrucción *El servicio de la autoridad y la obediencia. Faciem tuam, Domine, requiram*, reconociendo que «este tema exige un esfuerzo especial de reflexión, debido sobre todo a los cambios que estos últimos años han tenido lugar en el seno de los Institutos y comunidades; y también a la luz de lo propuesto por los

---

[11] CONCILIO ECUMÉNICO VATICANO II, Decreto sobre la renovación de la vida religiosa *Perfectae caritatis*, 3.

más recientes documentos magisteriales sobre el tema de la renovación de la vida consagrada » [12].

Y de hecho preocupa – después de más de cincuenta años de la clausura del Concilio – la permanencia de estilos y praxis de gobierno que se alejan del espíritu de servicio, o lo contradicen, hasta degenerar en formas de autoritarismo.

44. La legítima prerrogativa de una autoridad personal de los superiores y de las superioras [13] llega a ser considerada, equivocadamente, como autoridad privada, deslizándose en algunos casos hacia el límite de un malentendido protagonismo, como amonesta el Papa Francisco: «Pensemos en el daño que causan al pueblo de Dios los hombres y las mujeres de la Iglesia que son arribistas, escaladores; quienes "utilizan" al pueblo, a la Iglesia, a nuestros hermanos y hermanas – a los que debe servir – como trampolín para sus propios intereses y ambiciones personales. Estos hacen un gran daño a la Igle-

---

[12] Congregación para los Institutos de vida consagrada y las Sociedades de vida apostólica, Instrucción *El servicio de la autoridad y la obediencia. Faciem tuam, Domine, requiram* (11 de mayo de 2008), 3.

[13] Cf. *CIC*, c. 618.

sia»[14]. No solo, sino que aquel que ejerce el servicio de la autoridad ha de guardarse «de ceder a la tentación de la autosuficiencia personal, o sea de creer que todo depende de él o de ella»[15].

45. Una autoridad autorreferencial se aparta de la lógica evangélica de una responsabilidad entre hermanos y hermanas, minando en ellos las certezas de la fe que deben guiarlos[16]. Se abre, así, un círculo vicioso que compromete la visión de fe, requisito inequivocable para reconocer el rol de los superiores. Este reconocimiento no se limita a tener en cuenta la personalidad del titular o de la titular de turno, sino que va mucho más allá. Se trata de fiarse y de confiar recíprocamente y en verdad.

También en situaciones de conflictos y en contenciosos, recurrir a formas de autoritarismo provoca una espiral de malentendidos y

---

[14] FRANCISCO, *Discurso a los Participantes en la Asamblea Plenaria de la Unión Internacional de las Superioras Generales* (Roma, 8 de mayo de 2013), 2.

[15] CONGREGACIÓN PARA LOS INSTITUTOS DE VIDA CONSAGRADA Y LAS SOCIEDADES DE VIDA APOSTÓLICA, Instrucción *El servicio de la autoridad y la obediencia. Faciem tuam, Domine, requiram* (11 de mayo de 2008), 25a.

[16] Cf. PABLO VI, Ex. Ap. *Evangelica testificatio* (29 de junio de 1971), 25.

laceraciones que, más allá de casos concretos, alimenta en el Instituto desconcierto y desconfianza, con pesadas hipotecas sobre su inmediato futuro. Aquel que es llamado a un servicio de la autoridad – en cualquier situación – no puede faltar a la responsabilidad que conlleva, ante todo, un sentido equilibrado de sus propias responsabilidades ante los hermanos y las hermanas. «Esto será posible por la confianza puesta en la responsabilidad de los hermanos, "suscitando su obediencia voluntaria en el respeto de la persona humana", y a través del diálogo, teniendo presente que la adhesión debe realizarse "en espíritu de fe y de amor, para seguir a Cristo obediente", y no por otras motivaciones»[17].

46. «Los Superiores designados por un período determinado no desempeñen cargos de gobierno durante largo tiempo y sin interrupción»[18]. La norma del Código se encuentra todavía en fase de asimilación, y hay variantes considerables en la praxis de los Institutos. Por lo general, las motivaciones

[17] CONGREGACIÓN PARA LOS INSTITUTOS DE VIDA CONSAGRADA Y LAS SOCIEDADES DE VIDA APOSTÓLICA, Instrucción *El servicio de la autoridad y la obediencia. Faciem tuam, Domine, requiram* (11 de mayo de 2008), 14b.
[18] *CIC,* c. 624 § 2.

que se aducen para prorrogar el mandato – más allá de los términos previstos por el Derecho propio – responden a situaciones de emergencia o a carencia de personas, en referencia sobre todo a las comunidades locales. El influjo de las tradiciones propias de un Instituto ha contribuido a una cierta mentalidad que de hecho obstaculiza la alternancia. Y así se termina trasformando un rol de servicio en una ventaja prestigiosa. En esta perspectiva, las normas determinadas en el Derecho proprio se han de revisar si son inadecuadas, y si son claras en su dirección, hay que respetarlas.

Una atenta evaluación del porqué se tiende a retardar el cambio de los Superiores/as parece vislumbrarse más en la preocupación por asegurar continuidad de gestión de las obras que en prestar atención a las exigencias de animación religiosa-apostólica de las comunidades. Además, en un marco de evaluación de las comunidades, la presencia de hermanos y hermanas de las últimas generaciones, plantea las condiciones de un cambio generacional. El retraso en la alternancia podría entenderse como desconfianza en sus capacidades y posibilidades hasta crear un vacío que corre el riesgo de no poderse rellenar en el futuro.

47. Nadie puede olvidar lo dicho al respecto por el Papa Francisco: «En la vida consagrada se vive el encuentro entre los jóvenes y los ancianos, entre observancia y profecía. No lo veamos como dos realidades contrarias. [...] Hace bien a los ancianos comunicar la sabiduría a los jóvenes; y hace bien a los jóvenes recoger este patrimonio de experiencia y de sabiduría, y llevarlo adelante, no para custodiarlo en un museo, sino para llevarlo adelante afrontando los desafíos que la vida nos presenta, llevarlo adelante por el bien de las respectivas familias religiosas y de toda la Iglesia »[19].

Servicio de autoridad: capítulos y consejos

48. En este continuo trabajo de discernimiento y de renovación cobran particular importancia «los Capítulos (o reuniones análogas), sean particulares o generales, en los que cada Instituto debe elegir los Superiores o Superioras según las normas establecidas en las propias Constituciones, y discernir a la luz del Espíritu el modo adecuado de mantener y actualizar el propio carisma y el propio patri-

[19] FRANCISCO, *Homilía* en la Fiesta de la Presentación del Señor para la XVIII Jornada Mundial de la Vida consagrada, Roma (2 de febrero de 2014).

monio espiritual »[20]. Y además el Capítulo « debe constituirse de manera que, representando a todo el instituto, sea un verdadero signo de su unidad en la caridad »[21].

La reflexión sobre la representatividad capitular se desprende de su horizonte más auténtico: la unidad en la caridad. Las reglas y procedimientos/métodos para elegir a hermanos y a hermanas para los Capítulos – en particular a nivel general – no pueden desatender el mutado contexto cultural y generacional que compone hoy el rostro de tantos Institutos de vida consagrada y Sociedades de vida apostólica. En la composición capitular es preciso expresar la dimensión multicultural de forma justa y equilibrada.

49. El problema se evidencia cuando hay reglas y procedimientos que resultan inadecuados u obsoletos produciendo así resultados desequilibrados con el riesgo de exponer la composición capitular a hegemonías culturales impropias o a escenarios generacionales restringidos. Para evitar esas distorsiones es necesario dar cabida paulatinamente a la representatividad de hermanas-hermanos per-

---

[20] JUAN PABLO II, Ex. Ap. post-sinodal *Vita consecrata* (25 de marzo de 1996), 42.

[21] *CIC*, c. 631 § 1.

tenecientes a áreas culturales diversas. Se trata de dar confianza a los que, aun siendo considerados en nuestros ambientes demasiado jóvenes, en otros ámbitos – civiles y culturales – tendrían los requisitos para asumir responsabilidades de relieve, también por sus habilidades. Los métodos deberían ser más flexibles para garantizar una más amplia representatividad capaz de construir un futuro deseable y vivible.

No se trata solo de proceder correctamente y de tener una docilidad inteligente ante las opciones metodológicas, sino de « arrojar luz sobre la voluntad de Cristo para el camino de la comunidad » – escribe la *Regla de Taizè* – en un espíritu de búsqueda purificado por el único deseo de discernir el plan de Dios.

50. Abierta al Espíritu, la voluntad de cada capitular ha de acompañar toda decisión en la asamblea; sin menospreciar el intercambio de aportaciones y de puntos de vista que, aun siendo diferentes, concurren a la búsqueda de la verdad. De esta manera, la tensión hacia la unanimidad y la posibilidad de alcanzarla no son metas utópicas, sino por el contrario expresan el fruto más claro de la escucha y de la disponibilidad común al Espíritu.

No sería prudente relegar el discernimiento a horizontes privados de los capitulares, como si el capítulo fuera una obra en solitario. Se trata de «ponerse en contacto con el paso del Espíritu» y esto significa «escuchar lo que Dios nos está diciendo dentro de nuestras situaciones» de Instituto. El discernimiento «no se detiene en la descripción de las situaciones, de las problemáticas [...] va siempre más allá y logra ver detrás de cada rostro, de cada historia, de cada situación una oportunidad, una posibilidad»[22]. Es bueno no olvidar que el capítulo general es el lugar de la obediencia personal y coral al Espíritu Santo; esta escucha dócil se invoca doblando inteligencia, corazón y rodillas en la oración. En esa conversión cada capitular, en el momento de la decisión, actúa en conciencia y, a la luz del Espíritu Santo, juzga el bien del Instituto en la Iglesia. Esta actitud de obediencia orante es constante en la historia de los Capítulos Generales que no sin motivo iniciaban el día de Pentecostés.

51. El evento capitular comporta, además, la elección del Superior y de la Superiora general. En estos años se ha constatado una cierta tendencia a recurrir a la postulación.

---

[22] FRANCISCO, *Discurso* con ocasión del *Convegno ecclesiale della Diocesi di Roma* (16 de junio de 2016).

Los cánones 180-183 del *Código de Derecho Canónico* regulan la postulación. La orientación hacia la postulación se da en los casos en que haya algún impedimento para la elección canónica de la misma persona o en los casos de deroga de los requisitos personales inherentes a la función, determinados por el derecho universal o propio, como por ejemplo: la edad, los años de profesión [23], o una relativa incompatibilidad de roles [24]. El caso más frecuente es el impedimento para una nueva elección del Superior general después del cumplimiento de la duración de los mandatos previstos por las Constituciones. El hecho presenta connotaciones complejas de contextos (Institutos), situaciones personales (los candidatos ya en el rol) y, no por último las contingencias que llevan a solicitar la postulación al Dicasterio competente. Se precisan algunas indicaciones.

El dar por hecho la postulación no es la mejor premisa para un discernimiento electivo, casi excluyendo a priori otras posibles alternativas. La mayoría que se requiere es «al menos los dos tercios de los votos» [25].

[23] Cf. *CIC*, c. 623.
[24] Cf. *CIC*, c. 152.
[25] Cf. *CIC*, c. 181 § 1.

Esta disposición canónica quiere animar a discernir previamente sobre la oportunidad de recurrir a la postulación. La corresponsabilidad que se ejerce de forma colegial entraña también la responsabilidad de explorar soluciones alternativas. En algunos Institutos la praxis ha introducido la modalidad de consultaciones previas de carácter informal. La orientación sugerida debería evitar la formación de mayorías pre- constituidas; de lo contrario el paso hacia una descontada postulación es breve.

52. Los Capítulos generales eligen ordinariamente, además del Moderador supremo[26], al Consejo, que es el órgano de colaboración en el gobierno del Instituto. A cada Consejero se le pide « una participación convencida y personal en la vida y en la misión »[27] del Instituto, « participación que permite el ejercicio del diálogo y del discernimiento »[28], en espíritu de sinceridad[29] y de lealtad,

[26] Cf. *CIC*, c. 625 § 1.

[27] CONGREGACIÓN PARA LOS INSTITUTOS DE VIDA CONSAGRADA Y LAS SOCIEDADES DE VIDA APOSTÓLICA, Instrucción *Caminar desde Cristo. Un renovado compromiso de la vida consagrada en el Tercer Milenio* (19 de mayo de 2002), 14.

[28] *Ídem.*

[29] Cf. *CIC*, c. 127 § 3.

« para que se perciba la presencia del Señor que ilumina y guía » [30].

Los inevitables inconvenientes y malentendidos, si no se afrontan a tiempo, pueden comprometer la voluntad de entenderse y la capacidad de convergencia en un Consejo. Un órgano de colaboración en el gobierno, al servicio del bien común del Instituto, asume el compromiso de cuidar la totalidad de su funcionamiento, sin descuidar aquellos medios de acompañamiento (espirituales, profesionales y de formación específica) que ofrecen las premisas de un discernimiento a largo plazo. Y el Consejo, de hecho, no debe ocuparse en primer lugar de su propia imagen, sino sobre todo y ante todo de su credibilidad como órgano de colaboración en el gobierno del Instituto.

53. La nueva geografía de la presencia de la vida consagrada en la Iglesia está perfilando nuevos equilibrios culturales en la vida y en el gobierno de los Institutos [31]. La composición internacional del Capítulo expresa

---

[30] CONGREGACIÓN PARA LOS INSTITUTOS DE VIDA CONSAGRADA Y LAS SOCIEDADES DE VIDA APOSTÓLICA, Instrucción *Caminar desde Cristo. Un renovado compromiso de la vida consagrada en el Tercer Milenio* (19 de mayo de 2002), 14.

[31] Cf. *Ibíd*, 17.

también, habitualmente, una configuración multicultural del Consejo. La experiencia de muchos Institutos de vida consagrada y de Sociedades de vida apostólica ha ido madurando al respecto una larga tradición. Institutos más recientes están en fase de aprendizaje para llegar a « expresar, en la unidad católica, las exigencias de los diversos pueblos y culturas »[32]. Se trata de un camino exigente que « necesita purificación y maduración »[33].

Los recientes procesos de internacionalización son laboratorios abiertos hacia un futuro que no se improvisa en lo referente a la formación en roles de responsabilidad y, en particular, en la asunción del rol de Consejero. El relevo generacional y cultural no debería dar cabida a situaciones que pueden comprometer las dinámicas internas del discernimiento del Consejo y, en consecuencia, del buen gobierno del Instituto.

He aquí algunos ejemplos de situaciones que son problemáticas: sujetos idóneos, pero insuficientemente preparados o presentados prematuramente; religiosos cooptados más por lógicas de reparto cultural que por valo-

[32] JUAN PABLO II, Ex. Ap. post-sinodal *Vita consecrata* (25 de marzo de 1996), 47.

[33] FRANCISCO, Ex. Ap. *Evangelii gaudium* (24 de noviembre de 2013), 69.

90

ración de experiencia y/o competencia personal; y, no por último, opciones obligadas por ausencia de alternativas.

54. La inserción de hermanos/hermanas de otras culturas y generaciones no cambia ciertamente la función tradicional del Consejo, pero influye en la percepción del rol y en la modalidad de su interacción en el Consejo y fuera del mismo. La aportación de otros puntos de vista (análisis/evaluación de los problemas) ensancha el horizonte de comprensión de las realidades del Instituto: más desde las periferias que desde el centro. Culturas y relevo generacional – de por sí conjugación compleja – deberían favorecer un nuevo impulso para afrontar un futuro sostenible en el Instituto.

La iniciación para un rol de responsabilidad se inscribe en la experiencia. Si la experiencia es un cotidiano proceso de aprendizaje, el aprendizaje hay que sostenerlo con una formación particular. En caso contrario, la experiencia no alcanza plenamente la eficacia del mismo rol y de su integración en las dinámicas del Consejo. En este caso, se trata de redescubrir o repensar orientaciones que han ido madurando a lo largo de la tradición de gobierno de los Institutos de vida consagrada y de Sociedades de vida apostólica, que invirtiendo en el presente preparaba el futuro, no sin la necesaria verificación en el tiempo. El futuro próximo no puede achicar el horizonte: los nuevos profesionalismos (conocimientos y competencias) pueden contribuir a ampliar nuestros horizontes, pero sobre todo a no quedarnos al margen del futuro, prisioneros de visiones cortas que, a la larga, inmovilizan el camino conjunto.

CONCLUSIÓN

55. En la viña del Señor, en estas décadas de actualización conciliar, los consagrados y consagradas hemos trabajado con generoso empeño y con audacia. Ha llegado ahora el tiempo de la vendimia y del *vino nuevo*, que hay que exprimir con gozo de las uvas y recoger con diligencia en los *odres* adecuados, hasta que el típico fermentar de los tiempos de maduración no sedimente, dando lugar a una nueva estabilidad. *Vino nuevo* y *odres nuevos*, a nuestra disposición, hechos con nuestra colaboración según los carismas y las circunstancias eclesiales y sociales, bajo la guía del Espíritu y de los responsables de la Iglesia. Ha llegado el tiempo de custodiar en creatividad la novedad para que conserve el sabor genuino de la fecundidad que es bendecida por Dios.

El *vino nuevo* exige la capacidad de ir más allá de los modelos heredados, para apreciar las novedades que el Espíritu suscita, acogerlas con gratitud y custodiarlas hasta que fermenten del todo más allá de la provisionalidad. También el *vestido nuevo* del que habla

Jesús en la misma página evangélica, ha sido confeccionado a través de fases diversas de actualización y ha llegado el momento de llevarlo con alegría, en medio del pueblo de los creyentes.

56. *Vino nuevo, odres nuevos* y *vestido nuevo* indican un tiempo de madurez y de entereza que no puede ponerse en peligro con combinaciones imprudentes o compromisos tácticos: no hay que mezclar *lo viejo* y *lo nuevo*, porque cada uno pertenece a un tiempo, es fruto de artes y tiempos diferentes, y hay que conservarlo en su propia genuinidad.

El Dueño de la viña, que ha fecundado la obra de nuestras manos y ha guiado los caminos de la actualización, nos conceda custodiar con oportunos medios y con paciente vigilancia la novedad que nos ha confiado, sin temor y con renovado afán evangélico.

57. Santa María, *Mujer del vino nuevo*, conserve en nosotros el deseo de proceder en obediencia a la novedad del Espíritu, reconociendo el signo de su presencia en el *vino nuevo*, fruto de vendimias y de nuevas estaciones.

Haznos dóciles a su gracia y diligentes en la preparación de *odres* capaces de contener sin dispersar el fermento del jugo de la vid.

Afirma nuestros pasos en el misterio de la cruz que el Espíritu requiere para cualquier nueva creación.

Enséñanos a hacer lo que Cristo tu Hijo nos diga (cf. *Jn* 2,5) para sentarnos a su mesa cada día: Él es el *vino nuevo* por el que damos gracias, recibimos y entregamos bendición.

Alimenta en nosotros la esperanza, aguardando el día en que beberemos el fruto nuevo de la vid con Cristo, en el Reino del Padre (cf. *Mt* 26,29).

El Santo Padre ha aprobado la publicación
de estas Orientaciones
en la Audiencia del 3 de enero de 2017

Ciudad del Vaticano, 6 de enero de 2017
Epifanía del Señor

João Braz Card. de Aviz
Prefecto

✠ José Rodríguez Carballo, O.F.M.
Arzobispo Secretario

ÍNDICE